기질, 그러니까 성격의 바탕은
신경계에 활동에 달려 있어.

신경계는 감각을 통해 얻은
정보를 비롯해 우리 몸의
모든 정보를 전달해.

뇌는 여러 가지 자극을 해석해서
우리가 감정을 느끼게 하지.

글 에바 보이디워
심리학 박사로 폴란드 바르샤바에 있는 신경학 연구소의 중독 치료 센터에서 많은 환자를 치료했고, 바르샤바 대학교와 워츠 대학교를 비롯한 여러 대학에서 학생들을 가르쳤습니다. 중독 예방과 치료 분야에서 쌓은 업적으로 폴란드 대통령이 수여하는 폴로니아 레스티투타 훈장과 법무부 장관 훈장을 받았습니다. 심리 치료와 관련한 여러 권의 책을 출간했습니다.

글 마리아 마주레크
과학과 의학, 사회에 관한 글을 쓰는 기자이자 작가입니다. 과학자와 대화를 나눈 뒤 사람들이 쉽게 이해할 수 있도록 정리해 전달합니다. 우리나라에 출간된 책으로는 《뇌 과학 나라의 앨리스》, 《인공 지능 나라의 앨리스》가 있습니다.

그림 마르친 비에주호프스키
어린이와 청소년을 위한 디지털 교육 연구를 전문으로 하는 그래픽 디자이너이자 카피라이터, 일러스트레이터입니다. 만화부터 벽화에 이르기까지 다양한 매체를 활용합니다. 우리나라에 출간된 책으로는 《뇌 과학 나라의 앨리스》, 《인공 지능 나라의 앨리스》가 있습니다.

옮김 김소영
대학에서 문학을 전공하고 어린이책 편집자로 일했습니다. 지금은 좋은 어린이책을 기획하고 우리말로 옮기는 일에 힘쓰고 있습니다. 옮긴 책으로 《뇌 과학 나라의 앨리스》, 《인공 지능 나라의 앨리스》가 있습니다.

감정 나라의 앨리스

- 50~53 단단한 마음을 키우는 경험
- 54~55 누가 진정한 친구일까?
- 56~57 반복이 습관을 만든다
- 58~59 파괴적인 습관, 중독
- 60~61 편리한 스마트폰이 우리에게 끼치는 영향
- 62~63 직접 만났을 때만 전해지는 것
- 64~65 높은 자존감과 낮은 자존감
- 66~67 스스로를 지키려는 마음의 방패
- 68 상처 주지 않는 말하기
- 69 나와 다른 사람의 마음을 이해하는 법
- 70~71 우리에게 심리학이 필요한 이유

"방학 때 할머니랑 놀러 간다, 할머니랑 놀러 간다!"
요즘 앨리스를 행복하게 만드는 건 이 생각뿐이야.
다른 모든 건 마치 서로 짠 것처럼 앨리스를 짜증 나게 했지.

얼마 전에 앨리스가 키우는 쥐 세 마리 중 레오폴드가 죽었어.
하지만 앨리스는 '죽었다'보다는 '세상을 떠났다'라고 말하고 싶었지.
레오폴드는 앨리스에게 사람이나 다름없는 '친구'였으니까.

게다가 쥐는 세상에서 가장 똑똑한 동물 중 하나야.
앨리스가 동물에 관한 책도 보고, 쥐를 관찰하면서 알아낸 사실이지.
쥐는 호기심이 많고, 기억력이 좋고, 학습 능력도 뛰어나.
그래서 미로도 쉽게 빠져나오고, 숨바꼭질 같은 놀이의 규칙도 금세 익히곤 해.
기분이 좋으면 소리도 지르는데, 그 소리는 초음파라서 우리 귀에는 들리지 않아.
과학자들이 그러는데 쥐의 뇌는 우리 뇌하고 꽤 비슷하대.

앨리스는 동물들이 대체로
사람보다 수명이 짧다는 걸 알아.
상어나 거북이 같은 예외도 있지만 말이야.
그러니까 레오폴드는 이미 나이가 아주 많았던 거야.
어쩔 수가 없는 일이었지. 하지만 앨리스는 여전히
레오폴드를 떠올리며 울곤 해.

그것만이 아니야. 요즘 들어 단짝 아샤가 하는 짓을
도저히 참아 줄 수가 없어!
앨리스에게 무뚝뚝하게 굴거나 말을 무시할 때가 많거든.
그러면서 되려 앨리스가 예민하게 구는 데다
걸핏하면 화를 낸다지 뭐야!

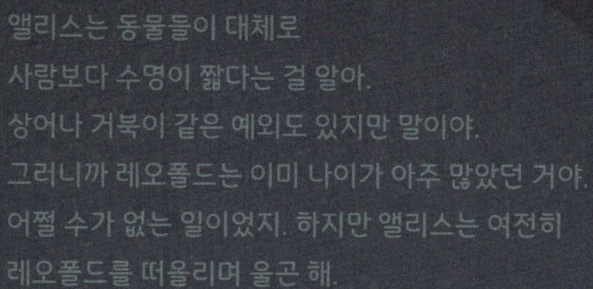

요즘 들어 앨리스는 다들 자기를
싫어한다는 생각이 들 때가 많아.
스타시는 방학이 끝나고 있을 생일 파티에
앨리스만 초대하지 않았어.
빅터는 앨리스가 역사 시간에 울었다고 놀렸고.

겨울 방학 때 앨리스는 할머니와 스키를 타러 가기로 했어. 그때 고민을 모두 털어놓으려고 해.
할머니는 세상 누구보다도 앨리스의 이야기를 잘 들어주시거든. 그리고 늘 좋은 방향으로 이끌어 주시지.

앨리스가 어렸을 때는
할머니가 동화 속 요정처럼
마법을 쓸 줄 안다고 생각했어.

지금은 할머니의 '마법'이 지혜로운 말씀,
따뜻한 웃음, 그리고 앨리스에 대한 관심이라는 걸
알고 있지만 말이야.

여행 첫날, 앨리스와 할머니는 아주 즐겁게 지냈어. 숙소에 짐을 풀고, 점심으로 맛있는 양배추 수프를 먹고, 스키를 탔지. 둘 다 스키 타는 걸 아주 좋아하거든. 앨리스는 스키를 타다가 넘어지는 바람에 다리가 좀 아프긴 했지만, 다행히 오래가지는 않았어. 그 덕에 스키장 카페에서 할머니와 **통증과 감각**에 관해 흥미로운 이야기를 나눴지.

만약에 다리가 많이 아프면 몸에 뭔가 걱정스러운 일이 일어났다는 신호야.

금방 사라지는 **가벼운 통증**은 몸이 보내는 **경고**로 받아들이면 돼. 다음번에는 조심하라는 거지.

통증 / 시간 — 좋아! 이제 괜찮아.

통증 / 시간

다리, 머리, 목… 몸의 어떤 부분이라도 아픈 건 아무도 좋아하지 않아. 자연이 우리가 **통증을 불쾌하게 느끼도록** 만들어 두었거든. 하지만 어떤 면에서 통증은 더없이 소중한 감각이기도 해.

안녕! 나는 통증이야. 몸이 다쳤거나 다칠 위험에 처해 있을 때 경고해 주지.

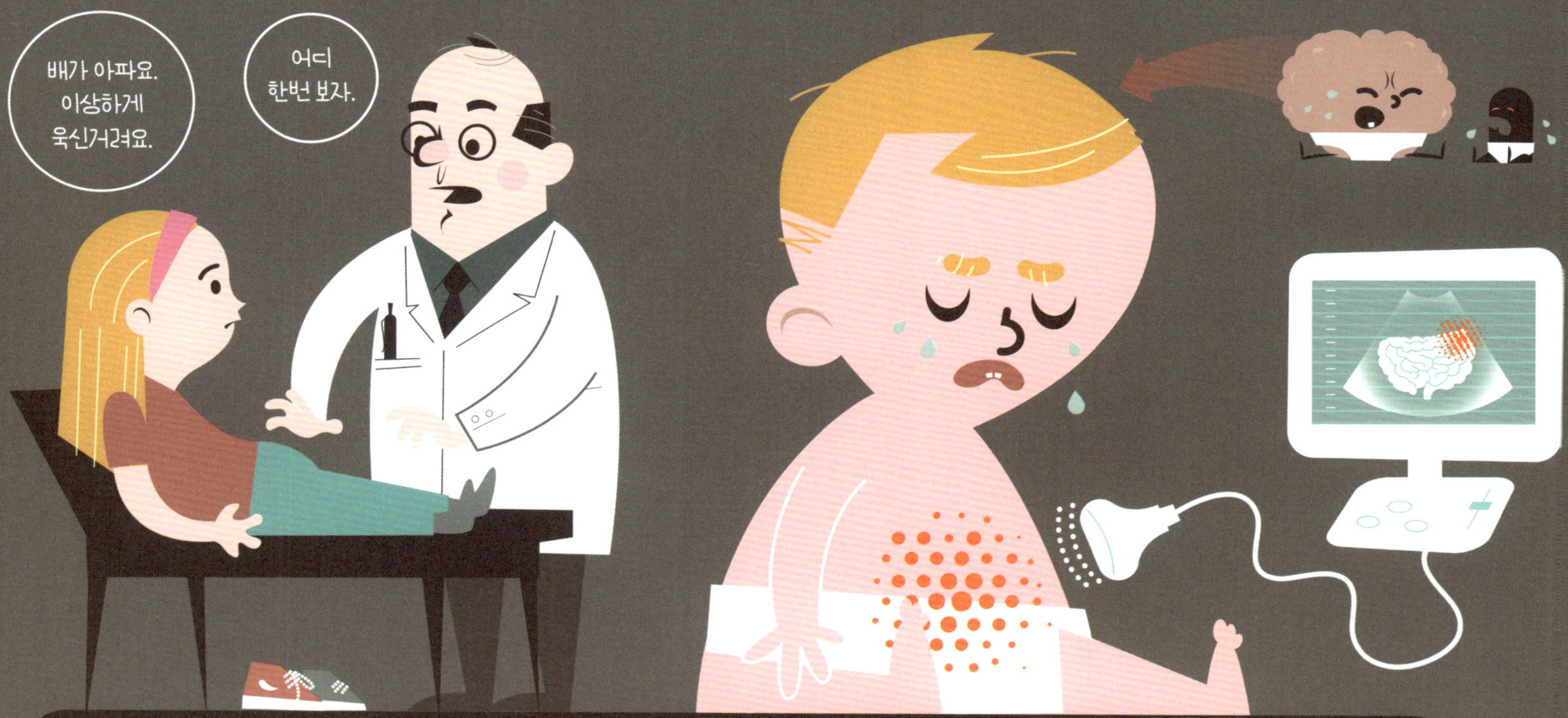

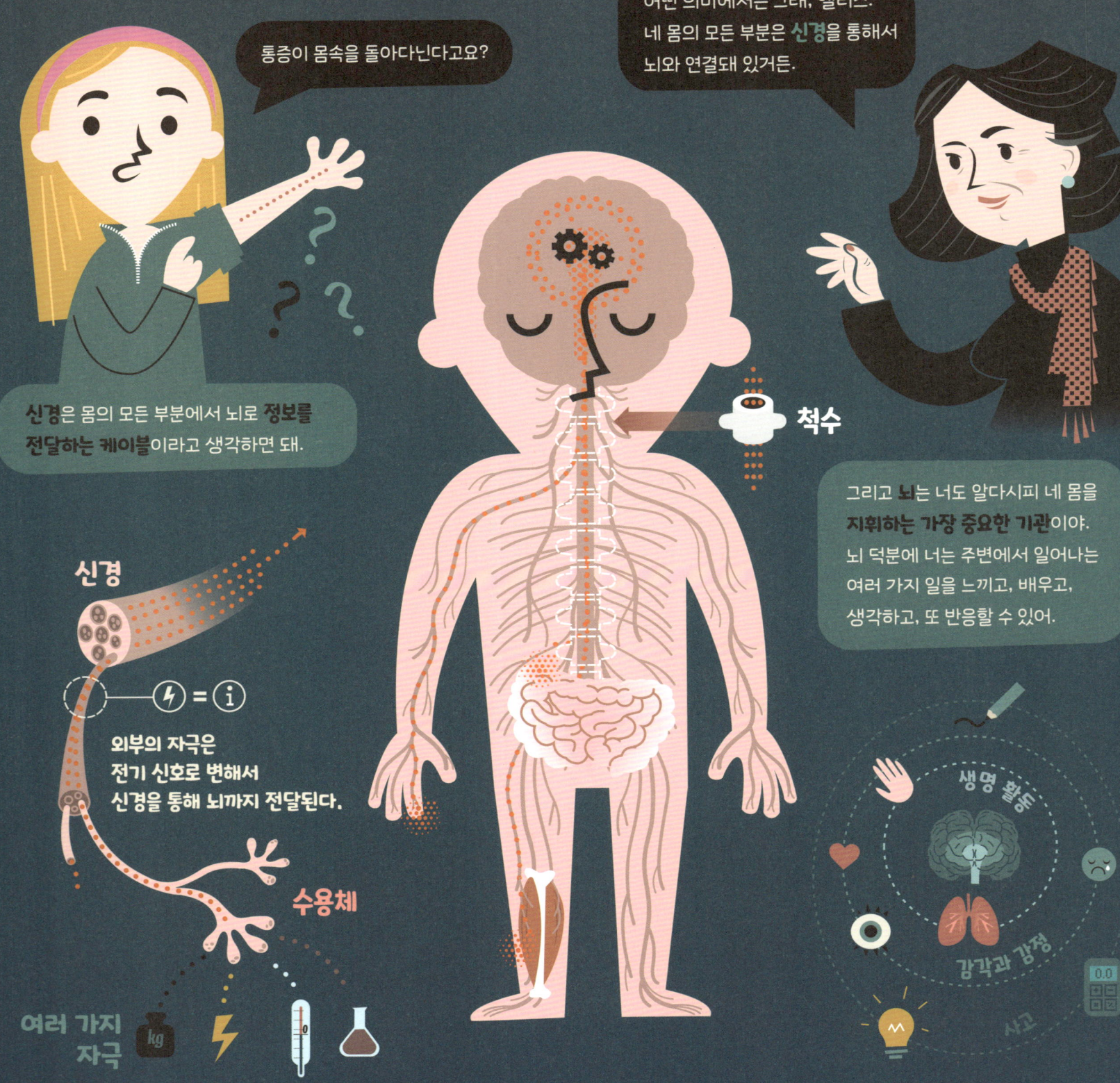

네 몸에 뭔가 나쁜 일이 일어나면, 예를 들어 다리를 부딪치거나 손가락을 데거나 심술궂은 고양이에게 할퀴거나 하면 그 부분에 있는 **통증 수용체**들이 가장 먼저 알아채고, **이 정보를 뇌에 전달해.** 그럼 뇌는 어떻게 반응할까?

이 부분이 아프다는 신호를 보내야 앨리스가 알아채고 어떻게든 하겠지!

그렇지만 가끔 몸에서 애매하고, 정확하지 않은 신호를 보내기도 해. 문제가 있는 부위만이 아니라 배 전체가 아프다고 말이야. 실제로는 목에 문제가 생겼는데, 머리가 아픈 식이지.

어…. 여기 어디쯤인데, 정확히 잘 모르겠어요. 대장님, 내비게이션에 문제가 생겨서….

아이고! 무슨 일이람! 배 전체에 경보가 울리잖아!

통증은 필요 없어요! 아픔이 뇌에 전달되지 않으면 좋겠어요. 앨리스가 단언했어.

앨리스, 정말 그렇게 생각하니? 할머니가 물었어.

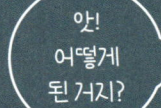

앗! 어떻게 된 거지?

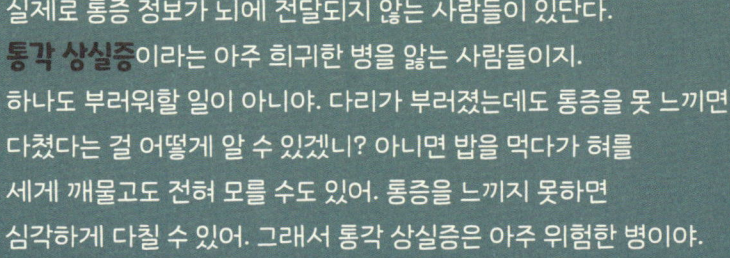

실제로 통증 정보가 뇌에 전달되지 않는 사람들이 있단다. **통각 상실증**이라는 아주 희귀한 병을 앓는 사람들이지. 하나도 부러워할 일이 아니야. 다리가 부러졌는데도 통증을 못 느끼면 다쳤다는 걸 어떻게 알 수 있겠니? 아니면 밥을 먹다가 혀를 세게 깨물고도 전혀 모를 수도 있어. 통증을 느끼지 못하면 심각하게 다칠 수 있어. 그래서 통각 상실증은 아주 위험한 병이야.

할머니는 이어서 **통증을 담당하는 것**이 우리 몸의 다섯 가지 감각 중 하나인 **촉각**이라고 설명해 줬어.
통증만이 아니라 엄마가 안아 주거나 귀여운 강아지가 핥아 줄 때처럼 기분 좋은 감각도 담당해.
기분 나쁜 통증과 기분 좋은 촉감이 같은 감각을 쓴다니 앨리스는 조금 놀랐어. 우리는 촉각 덕분에 물건의 모양이나 크기, 질감 따위를 알 수 있지. 쿠션이 둥글고 폭신폭신한 것도, 아빠의 겨울 스웨터가 커다랗고 까슬까슬한 것도 말이야.

평형 감각

압력 감각

온도 감각

통각

고유 감각*

*우리 몸의 위치와 움직임을 알아채는 능력.

우리 피부에는 **통증 수용체**와 **감각 수용체**가 함께 있어.
가장 많이 있는 곳은 손가락 끝과 발가락 끝이야.

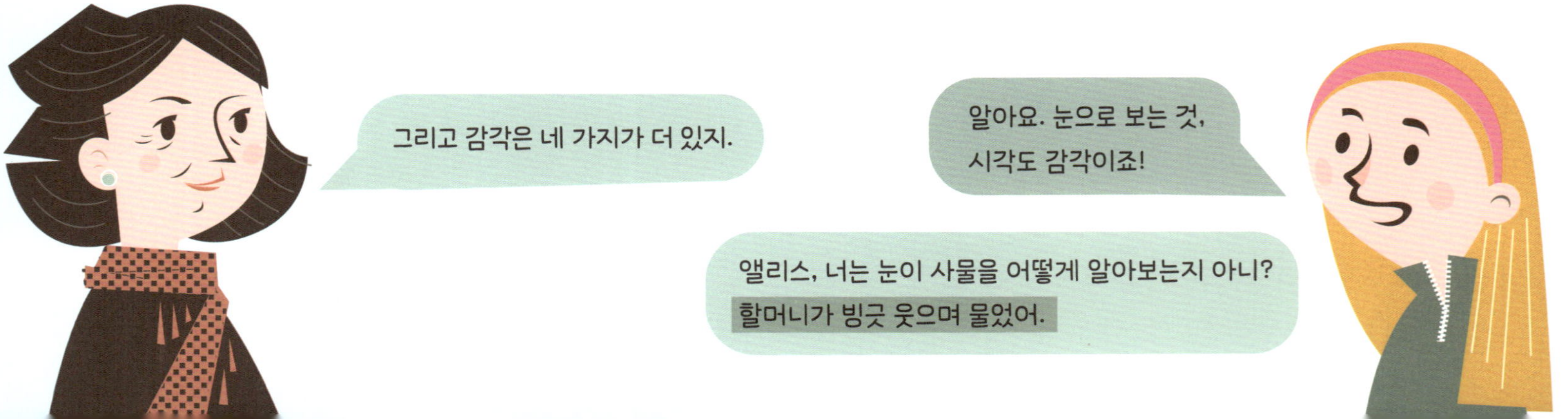

그리고 감각은 네 가지가 더 있지.

알아요. 눈으로 보는 것, 시각도 감각이죠!

앨리스, 너는 눈이 사물을 어떻게 알아보는지 아니? 할머니가 빙긋 웃으며 물었어.

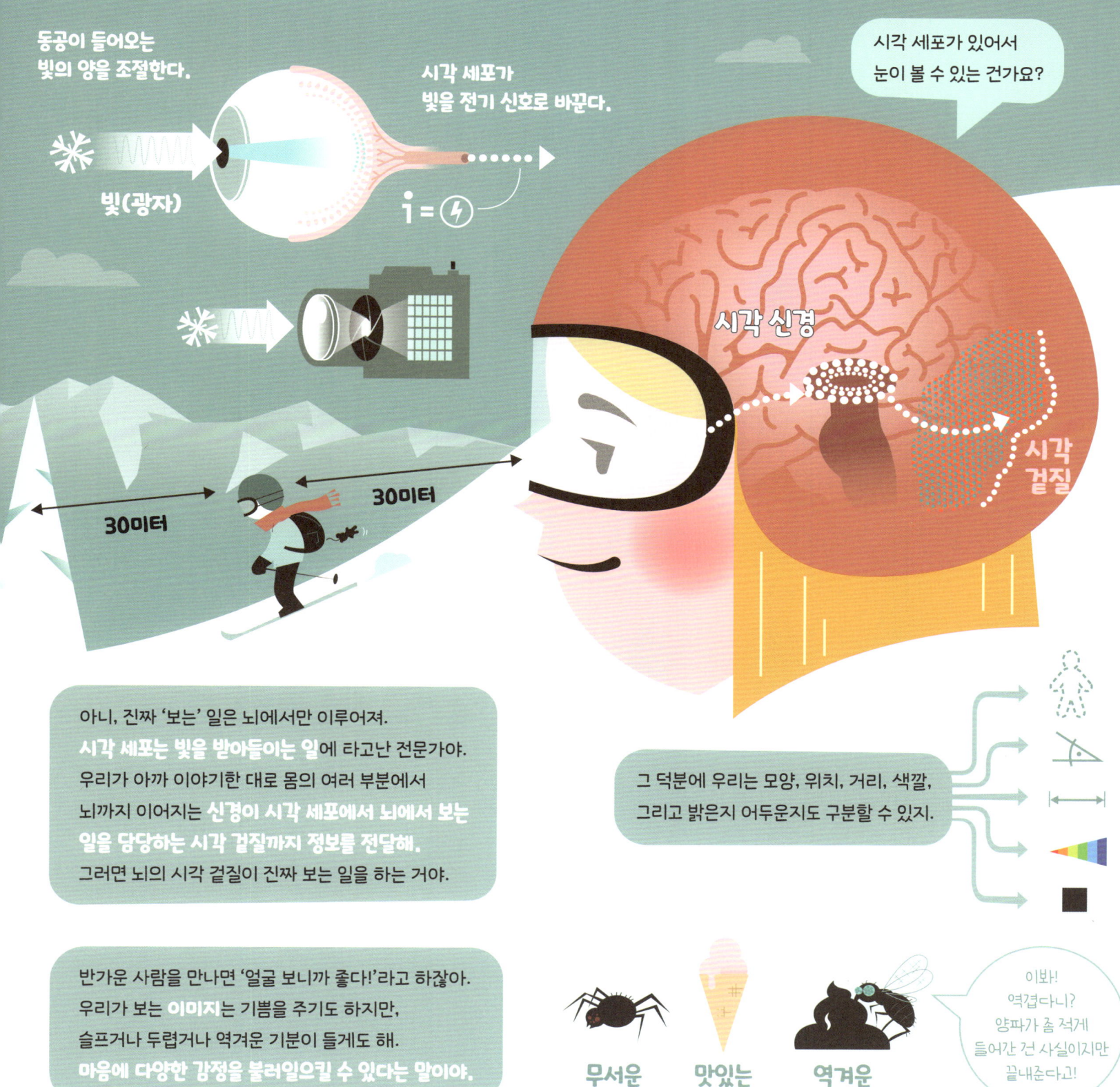

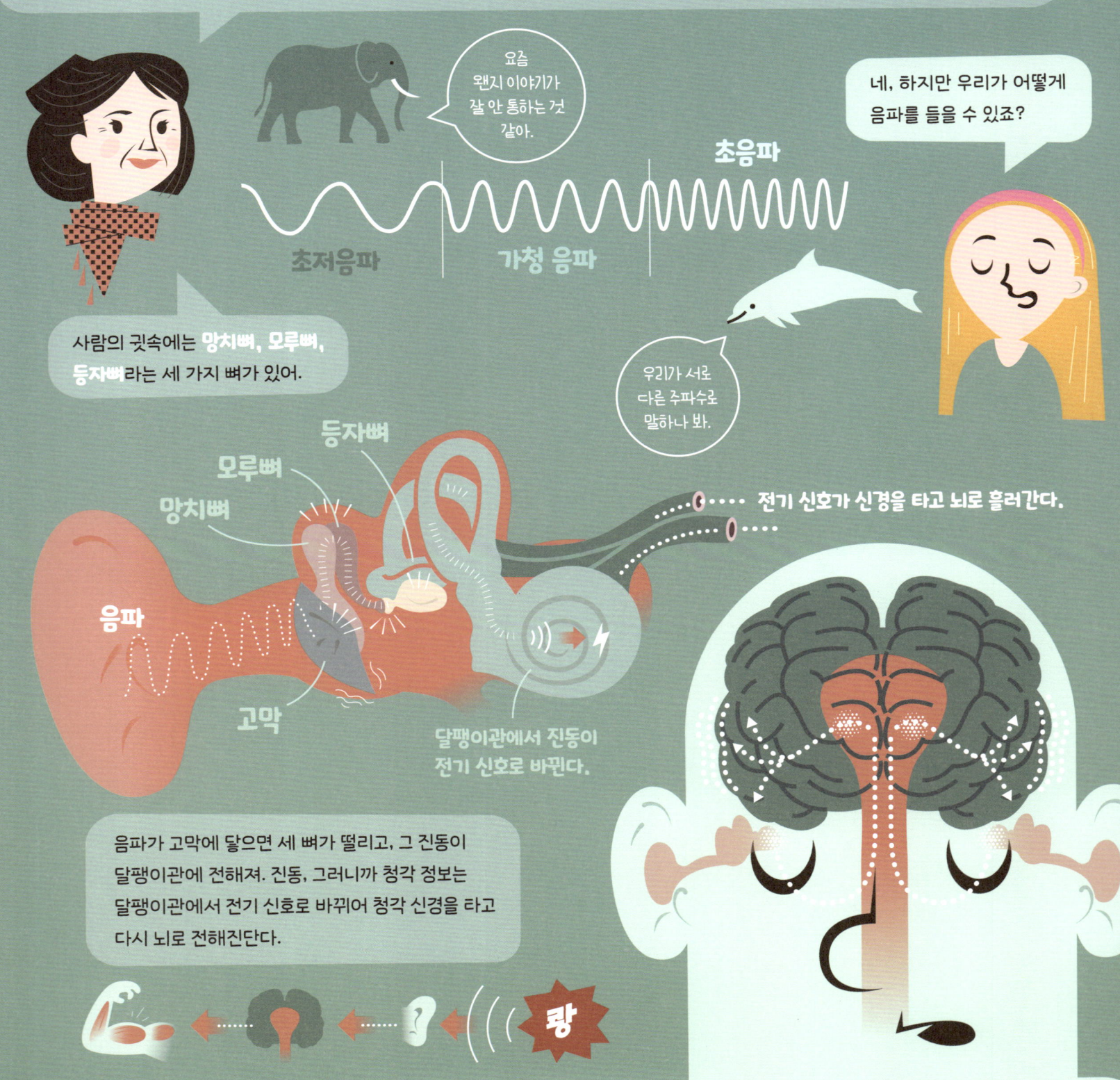

CAFE

냄새 이야기가 나왔으니 말인데, 후각은 가장 단순한 감각이라고 무시당할 때가 많아. 할머니가 말했어.

왜 불공평해요? 맞는 말인 것 같은데. 앨리스가 물었지.

후각은 알고 보면 가장 복잡한 감각이거든. 우리 코에는 주변에 떠다니는 **화학 물질의 입자**를 잡아내는 **수백 종류의 후각 세포가 수백만 개**나 있거든.

그런데도 냄새 맡는 능력은 사람이 최고가 아니야. 다른 동물들도 그렇지만, 특히 개는 후각이 우리보다 훨씬 더 예민해. 사람은 후각 세포가 2천만 개밖에 안 되는데, 개는 2억 2천만 개나 되거든. 뭐, 놀랄 일도 아니야. 대부분의 동물에게는 **후각이 가장 중요한 감각**이지만, 사람에게는 **시각**이 훨씬 더 중요하거든.

크르르…. 동쪽으로 2킬로미터 지점에 늑대!

머리뼈
콧속
냄새 입자

후각 수용체
후각 세포

아아…. 낯선 곳으로 떠나는 여행의 냄새….

화학적 감각

하지만 후각은 **감정과 가장 깊이 이어진 감각**이야. 엄마 냄새는 편안하고 안전하고 따뜻한 기분을 느끼게 하지만, 안 좋은 기억과 관련된 냄새는 곧장 불쾌한 감정을 불러일으키기도 하지. 후각은 완전히 주관적인 경험이기도 해. 어떤 사람은 라벤더 냄새를 싫어하지만, 어떤 사람은 좋아하기도 하잖아. 또 어떤 사람은 휘발유 냄새를 끔찍하게 싫어하지만, 어떤 사람은 종일 맡고 싶어 하기도 하지.

그럼 육감은요? 할머니도 그런 말 들어 보신 적 있죠? 앨리스가 물었어.

아, 그건 완전히 다른 얘기야. 그렇지만 나는 육감을 정말 좋아해. 생물학적으로 육감은 진짜 감각이 아니야. 다른 말로는 직감이라고도 하는데, 어떤 사람이나 사건, 상황에 대해 다른 사람들은 알아차리지 못하는 신호를 알아차리는 능력을 말해. 몇몇 사람들만 지닌 비밀스러운 능력 같은 거지. 나로 말할 것 같으면 누가 좋은 사람인지 나쁜 사람인지 거의 틀리지 않고 구분해. 할머니는 자기 능력에 아주 만족해하면서 말했어.

제가 보기에 할머니는 모든 사람을 좋은 사람이라고 생각해요.

그래, 앨리스. 네 말이 맞을 수도 있어. 어쨌거나 사람들은 대개 네가 먼저 호감을 보이고 친절하게 대하면 너한테도 비슷하게 대해 줘. 그건 쉽게 확인할 수 있어. 거리에서 마주치는 사람들에게 미소를 지으면, 그 사람들도 너를 보고 미소를 지을 거야.

설마 그걸 직감이라고 하시는 건 아니죠?

무슨 일이 일어날 것 같아.

나도 그런 예감이 들어.

그런데 우리가 그걸 어떻게 알 수 있지?

나야 모르지.

그러고 보니 이야기가 주제에서 벗어났네. 하지만 상관없어. 감각에 대해선 충분히 이야기를 나눴으니까.

그런데 저녁을 먹고 나니 앨리스는 또다시 슬퍼졌어. 레오폴드의 죽음과 스타시가 생일 파티에 초대하지 않은 일이 생각난 거야. 그러자 팔다리에 힘이 빠지고, 누군가 목을 조르는 것처럼 숨이 막혔어. 눈에는 눈물이 그렁그렁 맺혔지만, '다 큰 아이는 울면 안 된다'는 말이 떠올라 꾹 참았지.

앨리스, 울고 싶으면 기분이 나아질 때까지 마음껏 울어. **감정은 억누르면 안 돼.** 누구나 슬프거나 서운하거나 화가 나거나 겁이 날 때가 있어. 그럴 땐 **울고 나면 마음이 정리되고 차분해진단다.** 그러니까 부끄러워할 것 없어.
할머니가 앨리스를 따뜻하게 안아 주었어.

울고 나서 기분이 한결 나아진 앨리스가 물었어.

할머니, 감정이라는 게 도대체 뭐예요? 엄마가 그러는데 기쁨이나 슬픔, 두려움, 분노 같은 게 감정이래요. 그런데 감정은 왜 생기고, 어떻게 생기는 거예요?

감정이 생겨나는 건 우리 몸의 신경계가 잘 만들어져 있기 때문이야. 감각에 대한 이야기 기억하지?
우리 신경계는 눈, 귀, 피부 같은 감각 기관에서 오는 신호를 뇌로 보내 처리하게 해. 감정은 바로 그 과정에서 생겨나는 거야.

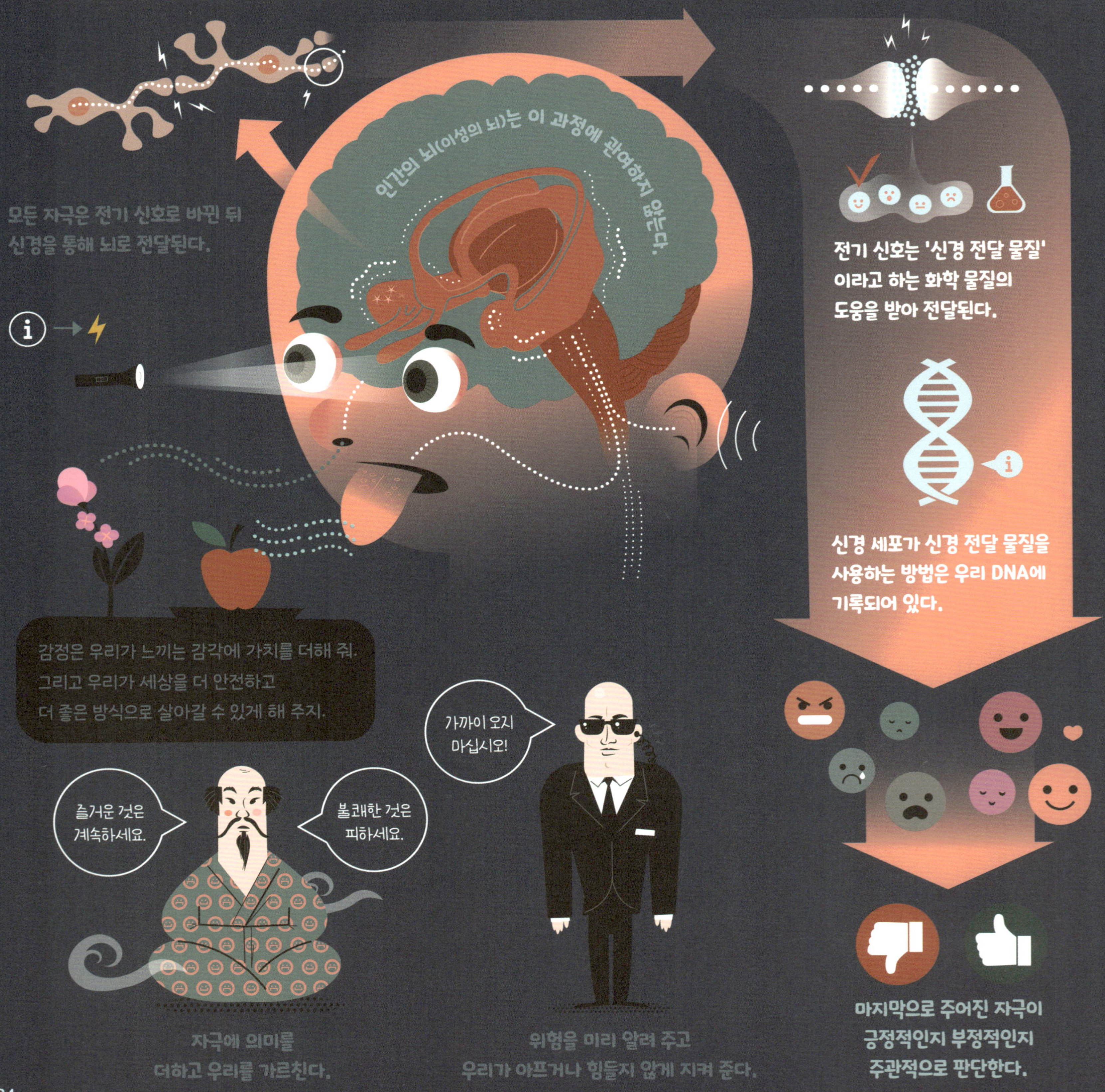

모든 자극은 전기 신호로 바뀐 뒤 신경을 통해 뇌로 전달된다.

인간의 뇌(이성의 뇌)는 이 과정에 관여하지 않는다.

전기 신호는 '신경 전달 물질' 이라고 하는 화학 물질의 도움을 받아 전달된다.

신경 세포가 신경 전달 물질을 사용하는 방법은 우리 DNA에 기록되어 있다.

감정은 우리가 느끼는 감각에 가치를 더해 줘.
그리고 우리가 세상을 더 안전하고
더 좋은 방식으로 살아갈 수 있게 해 주지.

즐거운 것은 계속하세요.

불쾌한 것은 피하세요.

가까이 오지 마십시오!

자극에 의미를
더하고 우리를 가르친다.

위험을 미리 알려 주고
우리가 아프거나 힘들지 않게 지켜 준다.

마지막으로 주어진 자극이
긍정적인지 부정적인지
주관적으로 판단한다.

그럼 제가 할머니를 사랑하는 마음도 감정이에요? 앨리스가 할머니에게 물었어.

아니, 사랑은 정확히 말하면 감정이라기보다는 정서라고 할 수 있어. 사람들은 보통 이 둘을 헷갈릴 때가 많아. 감정은 기쁨이나 놀람, 두려움, 분노처럼 갑자기 생겨났다 사라지는 느낌을 말하고, 정서는 감정을 바탕으로 생겨나 오래 지속되는 느낌을 말해.

감정
이성으로 통제할 수 없다.

갑작스럽게 생겨나 금방 사라진다.

여러 감정이 잇달아 생겨날 수 있다.

정서
감정에서 비롯된 뇌의 반응으로 이성으로 통제할 수 있다.

이갸!

오래 지속되고 더 안정적이다.

사랑합니다, 엘리자! 저와 결혼해 주시겠어요?

그럼요, 페드로!

특정 문화권에서만 나타날 수 있다.

앨리스, 너 왜 그래?

앨리스는 집에 돌아가서 부모님이나 아샤, 또는 스타시한테 할머니에게 한 것과 같은 질문을 한다면 어떤 반응일지 상상하고 웃음을 지었어.

정서는 감정보다 더 오래 지속되고 어떤 사건이나 사람, 사물, 상황에 대한 우리의 태도를 보여 줘. 특히 사랑이나 우정, 연민은 **이차 정서**라고 해서 늘 누군가를 향해 있지. 너는 엄마를 사랑할 수 있고, 요즘 되는 일이 없어서 실망할 수도 있고, 날씨가 나빠서 짜증이 날 수도 있고, 거미를 겁낼 수도 있어. 이 모든 것이 정서야. 정서는 오래, 때로는 평생 지속될 수도 있단다. 할머니가 말했어.

감정은 짧게 지속되고, 언제나 몸의 반응과 함께 나타나.
숨이 가빠 오거나 주먹이 불끈 쥐어지거나 속이 울렁거리는 것처럼 말이지.

제군들!
내가 명령을 내리면
바로바로
반응하도록.

알겠습니다,
대장님!

공포

앨리스, 역사 수업은 생각만 해도 속이 답답하고, 스타시 생일 파티에 초대받지 못한 일을 떠올리면 목이 졸리는 것 같다고 했지? 속이 답답한 건 겁이 나거나 불안할 때 자주 나타나는 반응이야. 방에서 커다란 거미를 보거나 네 옆으로 뭔가 쿵 떨어지면 근육이 긴장하고 심장이 빨리 뛰어서 숨이 가빠 오지. 입은 마르고 동공은 커지고 얼굴은 창백해지고 말이야.

이런 증상들이 나타나는 건 뇌가 위험을 알아채고 **도망치거나 방어해야 한다**고 판단한 뒤에 너의 몸이 빠르게 반응할 준비를 하기 때문이야.

그래,
덤벼 봐!

앗!
급한 일이 있어서
나는 이만!

슬픔

슬픈 일을 겪거나 떠올리면 목이 졸리는 느낌이 드는 건 자연스러운 일이야. 그럴 때면 목구멍과 눈 주위 근육은 긴장되고, 팔다리 근육은 느슨해져서 힘이 빠지지. 이건 슬픔을 느낄 때 흔히 나타나는 몸의 반응이란다.

부끄러움

부끄러움을 느끼면 보통 얼굴이 빨개지는데, 목과 양 볼 주변의 혈관이 넓어지면서 피가 그쪽으로 몰리거든.

기쁨

기쁠 때는 몸이 금방이라도 둥실 떠오를 것처럼 가벼워져. 허파가 활짝 펴지면서 공기가 더 많이 들어오기 때문이지.

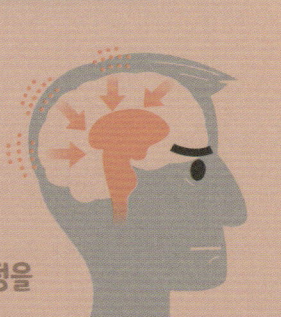

그럼 우리는 감정을 숨길 수 없는 거예요?

이성이 감정을 통제한다.

할머니가 대답했어.
사람마다 아주 달라. 어떤 사람은 감정이 겉으로 잘 드러나지 않아. 적어도 언뜻 보기에는 그렇지. 그 사람이 불안한지 싫은지 좋은지 좀처럼 알아차리기 힘들어. 그런 사람들을 두고 흔히 '포커페이스'라고 해. '포커'라는 카드 게임을 할 때는 내가 좋은 카드를 들었는지 나쁜 카드를 들었는지 상대방이 눈치채지 못하게 감정을 잘 숨겨야 하거든.

반면 얼굴에 감정이 아주 훤히 드러나는 사람도 있지. 내가 보기에는 앨리스 너도 그런 것 같구나. 몸의 여러 상태를 수치로 기록하는 기계에 우리 몸을 연결한다면 우리가 어떤 감정을 느끼는지 정확하게 알아낼 수 있어.

앨리스가 기억을 떠올렸어.
거짓말 탐지기에 대해 들은 적 있어요! 그게 방금 말씀하신 기계랑 관련이 있어요?

뇌가 얼굴 근육을 조절한다.

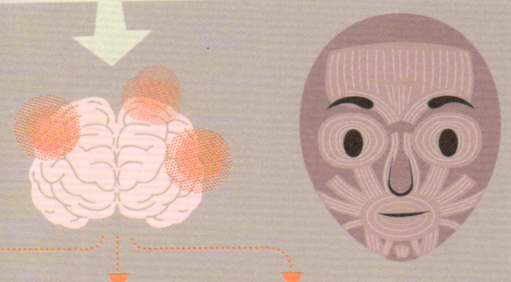

감정에 따라서 특정 부위가 움직인다.

휴! 스트레스는 숨길 수가 없어.

할머니가 빙긋 웃으며 말했어.
우리 앨리스, 정말 똑똑하구나. 거짓말을 하면 우리 몸은 스트레스를 받아. 그러면 뇌와 심장, 근육에 더 많은 피를 보내려고 혈압이 올라가지. 숨도 가빠지고 땀도 더 많이 나.
그래서 피부가 보내는 전기 신호도 달라진단다.

흔히 거짓말 탐지기로 불리는 **다원 기록기**는 몸에서 일어나는 여러 반응을 모두 기록해. 아주 드물게 이 기계를 '속이는' 사람도 있지만, 대부분의 거짓말은 들통나게 마련이지.

그럼 감정은 우리가 마음대로 할 수 없는 거예요? 엄마는 가끔 아빠나 저한테 소리를 지르고는 나중에 감정에 못 이겨서 그랬다고 사과할 때가 있거든요.

어떤 면에서는 **감정이 우리보다 더 강할 수 있어.** 우리 몸에서 일어나는 일이나 우리가 느끼는 감정을 완전히 통제할 수는 없으니까. 하지만 감정에 휘둘릴 때 **어떻게 행동할 것인지는 스스로 선택할 수 있어.** 쉽지 않은 일이고 늘 잘되는 것도 아니지만 말이야.

인간의 뇌

감정 / 본능 / 이성

감정과 본능이 이성을 통제한다.

그래, 그냥 다 먹어 버려! 너도 그러고 싶잖아!

그러면 안 돼! 동생이랑 나눠 먹어야 하는 거 너도 알잖아!

이성이 감정을 통제한다.

유혹이 작동하는 방식

네 동생 애덤은 겁이 나면 소리를 질러. 너는 애덤보다 나이를 더 먹었으니까 그런 행동을 하지 말아야 한다는 걸 알지. 사실 '감정에 못 이겨서'라는 말은 어찌 보면 무책임한 말일 수 있어. '나는 참을 생각이 없어.'라는 뜻으로 들릴 수도 있거든. 다른 사람에게 상처를 주지 않으려면 감정이 휘두르는 대로 행동하지 않는 법을 배워야 해.

그게 쉬운 사람도 있고, 어려운 사람도 있나요? 앨리스가 묻자 할머니가 빙긋 웃으며 대답했어.
그래. 사람은 모두 다르다고 내가 자주 말했지? 저마다 성격도 다르고, 좋아하는 것도 다르고,
행동하는 방식도 달라. 그리고 '기질'이라고 부르는 것도 조금씩 다르지.

고대 그리스에 **히포크라테스**라는 의사가 살았어. 지금으로부터 2500년 전쯤의 일이야. 히포크라테스는 '의학의 아버지'라고 불려. 처음으로 식사나 위생이 병을 예방한다고 가르친 사람이거든. 오늘날에도 수많은 의사가 히포크라테스의 가르침을 참고하고 있지. 히포크라테스는 **사람의 성격을 기질에 따라 네 가지로 구분했어.** 그 네 가지는 이렇단다.

담즙질은 툭하면 발끈하고, 시끄럽고, 나서기를 좋아해. 히포크라테스는 이 사람들이 몸에 담즙, 그러니까 쓸개즙이 많아서 그렇다고 생각했대.

우울질은 예민하고 변덕스럽고 자주 우울해져. 예전에는 몸에 검은 쓸개즙이 많아서 그렇다고 믿었대. 하지만 검은 쓸개즙 같은 건 없다는 걸 지금은 누구나 알지.

으아아, 헛소리! 말도 안 되는 소리 하지 마세요! 절대 인정 못 해요!

내가 여길 왜 왔을까. 다들 말다툼만 하잖아. 아무 의미가 없어.

점액질은 차분하고 느릿느릿하고 순한 사람들이야. 히포크라테스는 이 사람들이 침이나 가래 같은 점액이 많다고 여겼어.

여러분, 진정합시다. 얘기하다 보면 다 풀릴 겁니다. 시간은 많으니까요.

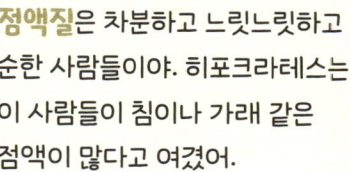

하하, 진짜 웃겨! 저 친구 입에 거품을 물고 뜨드네! 오늘 파티 가서 꼭 얘기해야지.

다혈질은 언제나 밝고 거침없고 수다스러워. 히포크라테스는 이런 사람들을 피가 많다는 뜻에서 다혈질이라고 불렀단다.

히포크라테스는 이런 기질이 우리 몸에 있는 네 가지 액체, 그러니까 피, 점액, 쓸개즙, 검은 쓸개즙의 많고 적음과 관련이 있다고 믿었어. 지금 우리는 히포크라테스의 생각이 틀렸다는 걸 알고 있지만, 사람의 기질을 네 가지로 나누는 방식은 아직도 남아 있단다.

이건 아주 기본적인 분류일 뿐이야. 하지만 앞으로도 이런 기질 이야기를 자주 듣게 될 테니, 미리 알려 주는 거란다. 사실 어떤 사람들은 **여러 기질이 섞여 있기도 해.** 할머니가 덧붙였어.

기질은 유전자에 기록되어 있어서 우리가 마음대로 바꿀 수 없다.

미안, 난 이렇게 태어났어.

생각이 많고 자주 공상에 빠진다.

꼼꼼하다.

조심성이 많고 속을 잘 드러내지 않는다.

끈기가 있다.

계획적이다.

우울질인 사람은 조용하고 온화하고 감성적이야. 조금 감상적인 면도 있지. 네 아빠처럼 말이야. 하지만 우울하고 비관적이고 늘 기운이 없는 사람도 있어.

차분하고 한결같으며 좀처럼 흥분하지 않는다.

예의 바르고 상냥하다.

주변을 잘 살피고 남의 말에 귀 기울인다.

참을성이 있다.

규칙적인 것을 좋아한다.

기질은 우리 성격의 바탕이 된다.

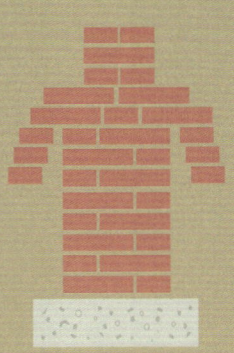

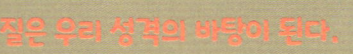
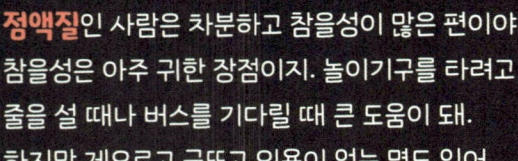

점액질인 사람은 차분하고 참을성이 많은 편이야. 참을성은 아주 귀한 장점이지. 놀이기구를 타려고 줄을 설 때나 버스를 기다릴 때 큰 도움이 돼. 하지만 게으르고 굼뜨고 의욕이 없는 면도 있어.

기운이 넘치고
생각보다 행동이 앞선다.

화를 잘 내는 편이다.

기질의 종류는 신경계가
작동하는 방식에 달려 있다.

목표가 크고 기준이 높다.

솔선수범하며
리더십이 있다.

담즙질이라고 다 똑같지는 않아. 엄청 시끄럽고,
걸핏하면 화를 내고, 몹시 공격적인 사람도 있어.
늘 자기만 옳다고 생각해서 대하기 힘든 사람 말이야.
그저 쉽게 발끈하는 사람도 있지. 성질이 급하고,
가끔 감정에 못 이겨 소리치는 사람 말이야.
네 엄마는 정말 멋진 사람이지만, 사실 온화한 담즙질이란다.

창의적이고
독창적이다.

기억해!
나쁘거나
좋은 기질은
없어!

활발하고 감정이
풍부하다.

명랑하고
유머 감각이 있다.

사람들과 잘 어울리고
마음이 열려 있으며
이야기 나누기를 좋아한다.

별로 계획적이지 않다.

다혈질은 명랑하고 즉흥적이고 유머 감각도 있는 편이야.
그런데 깊이 생각하지 않고 가볍게 행동하거나
하던 일을 끝까지 밀고 나가지 못하는 면도 있어.
내가 보기엔 앨리스 너도 다혈질인 것 같구나.

할머니가 이야기를 이어 갔어. 사람의 성격을 설명하는 중요한 분류가 한 가지 더 있어. 아까 이야기했던 지크문트 프로이트의 제자, **카를 구스타프 융**이 만든 거야. 융도 스승처럼 심리학과 심리 치료에 아주 큰 공헌을 했어. 나중에는 스승과 의견이 크게 달라지긴 했지만 말이야. 융은 사람을 **내향적인 사람**과 **외향적인 사람**으로 나눌 수 있다고 했어.

내향적인 사람

아이고, 제발 조용히 있게 해 줄래?

뇌가 끊임없이 자극을 받는다.

하지만 이건 극단적인 구분이야. 누구나 외향적인 면과 내향적인 면이 있거든. 정도의 차이가 있을 뿐이지.

내향적인 사람은 자기 안에서 힘을 얻는 편이야. 말수도 적고 다른 사람과 쉽게 친해지지도 않아. 하지만 한번 친해지면 훌륭한 친구가 되지. 이런 사람들은 이야기하는 것보다 듣는 걸 더 좋아하고, 자기 생각이나 느낌을 좀처럼 남에게 말하지 않아. 그래서 내향적인 사람들을 두고 흔히 '자기만의 세계에서 사는 사람'이라고 해.

한 가지 이해가 안 되는 게 있어요. 엄마는 담즙질이고 아빠는 우울질인데, 저는 왜 다혈질이에요? 엄마나 아빠 중 한 사람을 닮아야 하는 거 아니에요?
앨리스가 입이 찢어져라 하품을 하며 물었어.

할머니가 웃으며 말했어.
호호호, 앨리스. 호기심과 피로가 싸우고 있구나. **잘 자고 잘 쉬어야 집중도 잘되고 기억도 더 잘할 수 있다**는 거 알지? 우리가 누구이고 어떤 사람인지는 내일 스키 타고 나서 이야기하자, 알겠지? 그전에 약속 하나 하자. 내일 아침에 내가 토마토 오믈렛을 만들어 줄 테니, 그동안 너는 우리 집 **가계도를** 그려 보렴. 엄마, 아빠, 할머니, 할아버지, 애덤, 이모, 삼촌, 사촌 들까지 모두 넣어서 말이야. 그러면 내일 이야기할 때 도움이 될 거야.

앨리스는 할머니가 내준 숙제를 진지하게 받아들였어.
그래서 아침에 일어나자마자 가계도를 그리기 시작했는데,
생각만큼 쉽지 않았어.

할아버지, 할머니, 엄마, 아빠, 고모와 이모, 삼촌 들 이름을 가계도에 적는 건 어렵지 않았어.
하지만 먼 친척에 이르자 애를 먹었지. 이를테면 폴 삼촌이 그랬어. 앨리스는 폴 삼촌을 자주 만나고 아주 좋아해.
자전거 타는 법도 폴 삼촌한테 배웠고, 앨리스가 생각하기에 가장 재미있는 친척이거든.
하지만 촌수가 어떻게 되는지 정확히 뭐라고 불러야 하는지는 도통 알 수가 없었어. 그래서 몇 번이나 할머니에게 물어봐야 했지.

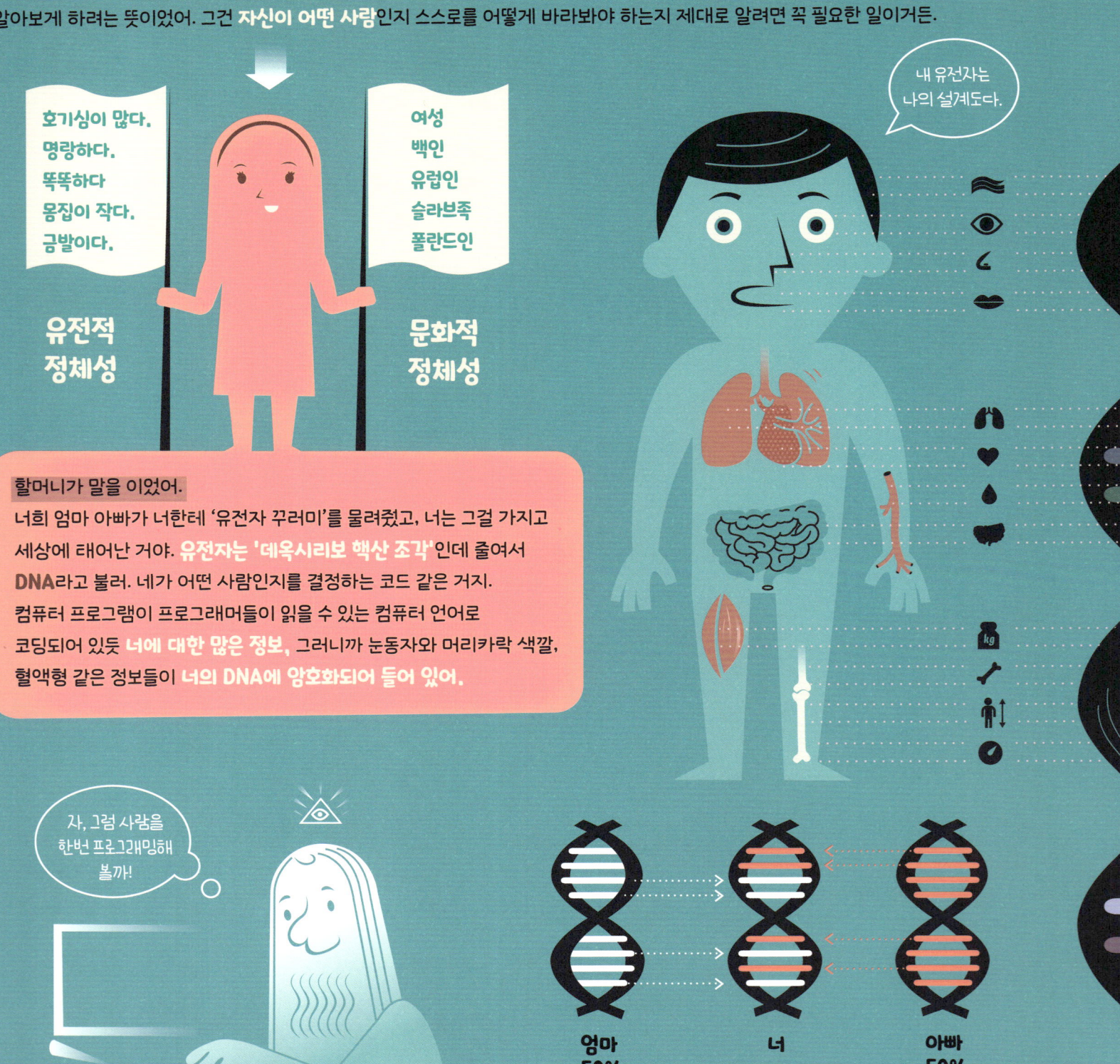

걱정 마, 앨리스. 유전학은 어른들에게도 복잡한 문제야.
사실 과학자들도 최근에서야 유전자와 유전에 대해 조금 더
알게 되었거든. 그런데도 여전히 많은 부분이 수수께끼로 남아 있어.
유전학은 앞으로도 계속 발전할 거고, 그 덕분에 병을 더 일찍
알아내 치료할 수 있을 거라는 기대도 점점 커지고 있어.
네가 나중에 유전학을 공부한다면 분명히 더 많은 걸 알게 될 거야.
하지만 지금은 **너를 지금과 같은 모습으로 만든 것은 두 가지,
유전자와 환경**이라는 사실만 알면 돼.

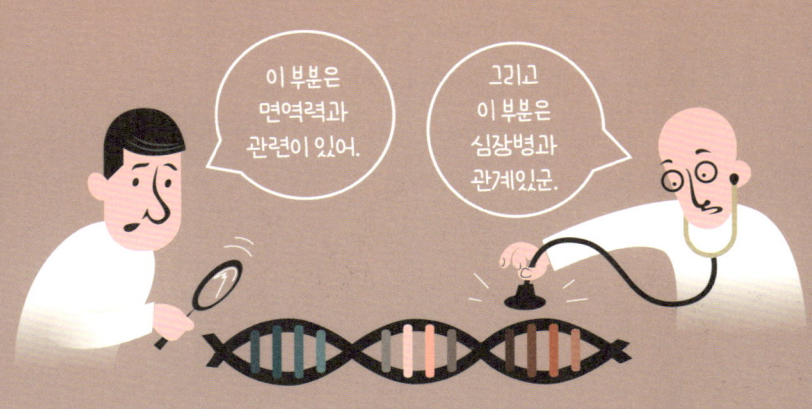

유전자

앨리스는 날 때부터
활달한 아이였다.

타고난 활동성과 사교성 덕분에
단체 경기를 좋아한다.

현실적인 사고를 하는 편이라
수학이나 과학 같은 과목을
더 잘하고 좋아한다.

환경

부모님은 앨리스가 어린 시절을
걱정 없이 사랑받으며 보내도록 돌봤다.
앨리스는 그 시절을 기억하지 못하지만,
그런 보살핌 덕분에 세상을 밝고
긍정적으로 바라보게 되었다.

앨리스가 자라난 대도시에서는
다양한 활동을 경험할 수 있고,
스스로 선택한 분야에서
더 성장할 수 있다.

앨리스는
어릴 때부터 프랑스어를
좋아해서 파리에서
공부하기로 마음먹는다.

너에게 가장 큰 영향을 준 것은 부모님의 돌봄과 학교 교육이야.
하지만 네가 태어난 뒤부터 지금까지 겪은 모든 일, 만난 사람, 다녀온 곳, 사는 나라와 시대,
문화와 교육, 그리고 우리가 나누는 이런 대화까지, 이 모든 것이 지금의 너를 만든단다.

그러니까 유전자와 환경이 제가 누군지를 결정하는군요. 그런데 어느 쪽이 더 영향이 커요? 앨리스가 물었어.

할머니가 활짝 웃으며 대답했어.
아주 좋은 질문이구나. 과학자들도 이 문제로 오랫동안 의견이 갈렸단다. 심지어 DNA가 완전히 똑같지만, 태어나자마자 각기 다른 가정에서 자란 일란성 쌍둥이를 연구하기도 했어. 놀랍게도 이 쌍둥이들은 청소년이 되고 어른이 된 뒤에도 비슷한 것을 좋아하고, 비슷한 선택을 했다는구나.

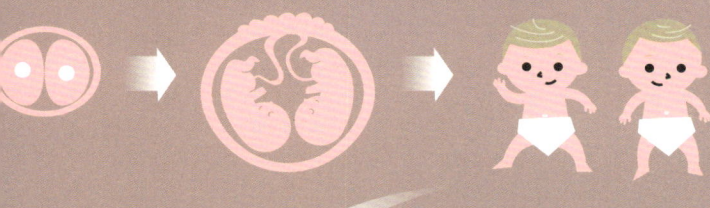

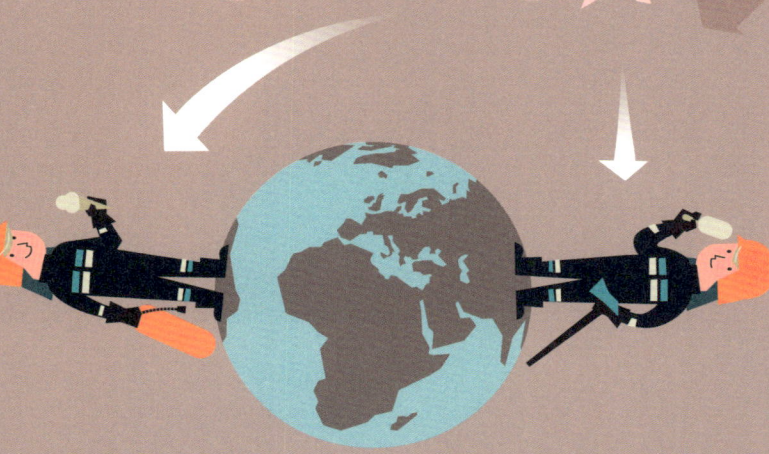

그래서 나는 지금 여기 있고 이런 사람인 거야.

앨리스는 타고난 재능과 노력으로 좋은 대학에 들어간다.

끈기, 재능, 지능, 경험, 그리고 지금까지 받은 교육의 결과로 앨리스는 과학 분야에서 일하게 된다.

앨리스가 꿈을 이룰 수 있었던 데에는 경제적 뒷받침도 한몫했다.

그러나 우리가 어쩔 수 없는 극단적인 일이 일어나기도 한다.

우리가 배우고 경험하는 것 또한 우리가 어떤 사람이 될지에 엄청난 영향을 준단다.
그러니까 유전적 요인과 환경적 요인, 두 가지 모두 똑같이 중요하다고 볼 수 있어.

할머니가 단호하게 말했어. 하지만 이거 하나는 꼭 기억하렴, 앨리스. 네 유전자도, 부모님도, 다른 어떤 것도 네가 못된 짓을 하는 데 핑곗거리가 되어서는 안 돼. 네가 누군지는 너 자신이 결정하는 거야. **너는 너 자신의 주인이니까.** 키 같은 건 어쩔 수 없지만 말이야.
키가 작아서 불만이면 굽 높은 신발을 신는 수밖에 없어.

  시간을 어떻게 보낼지 선택할 수 있다.

지옥

천국

그럼 저도 역사 점수를 잘 받을 수 있다는 말이죠? 앨리스가 물었어. 방학인데도 역사 과목 생각이 머리에서 떠나질 않았거든.

물론이지. 무슨 일이든 노력해 볼 수 있어.
실제로 어떤 분야에는 타고난 재능이 없을 수도 있어.
그러면 자신 있는 과목을 할 때보다 시간이 더 걸릴 수도 있지.

재능은 다양해. 글을 아주 잘 쓰는 사람도 수학은 어려워할 수 있어. 그렇다고 그 사람이 똑똑하지 않은 건 아니야. 천재적인 물리학자라고 해도 외국어에는 영 소질이 없을 수도 있거든.

언어 지능

논리 수학 지능

지능은 문제를 해결하고 주어진 상황에 맞게 지식을 활용하는 능력이다.

시각 공간 지능

자기 이해 지능

인간 친화 지능

신체 운동 지능

자연 친화 지능

음악 지능

우리의 지능은 여러 가지 유형이 서로 다른 비율로 섞여 있다.

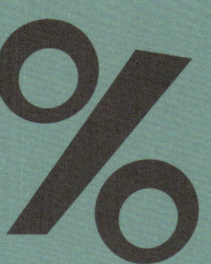

절대 음감을 가졌다고 무슨 일이든 다 잘하는 건 아니구나!

일의 성격에 따라 필요한 지능의 종류가 다르다.

그러니까 역사 때문에 너무 걱정할 필요 없어. 역사를 어려워한다고 해서 너에게 문제가 있다는 뜻이 아니거든. 하지만 한 가지는 꼭 기억해. **뇌는 훈련할수록 더 나아져.** 역사 공부도 열심히 하다 보면 결국 좋은 성적을 받게 될 거야.

그래서 어떻게 해야 하는데요?

그리고 공부할 때 중요한 건 **무언가를 발견하는 재미**를 느끼는 거야. 배우는 내용에 호기심을 갖는 게 정말 중요하지.
네가 역사를 어려워하는 건 역사에 흥미를 못 느껴서 공부를 자꾸 미루기 때문이야. 그러다 보니 준비가 안 된 채로 수업에 들어가서 안 좋은 성적을 받고, 그럴수록 역사가 더 싫어져서 또 공부를 미루게 되는 거지. 이렇게 악순환이 반복되는 거야.

강한 감정을 느낄수록 그 감정과 연관된 사실도 뚜렷하게 기억한다.

환상적인 경험이야! 절대 못 잊겠어!

미루면 미룰수록 해야 할 일이 더 어렵게 느껴진다!

신나는 공부의 세계로 출발!

우리는 학교에서만 배우지 않는다! 재미있는 인터넷 영상, 교육용 게임, 여행, 일상 속 관찰을 통해서도 지식이 넓어진다.

발견의 즐거움

이렇게 생각해 보면 어때? 역사는 지루한 게 아니라, 옛날에 있었던 일들을 알아가는 재미난 과목일지도 몰라.
앨리스, 너는 작은 탐험가잖아. 뇌가 어떻게 일하는지 궁금해하고, 다른 행성의 표면은 어떻게 생겼는지 상상하잖아.
역사도 그런 식으로 생각해 보는 거야. 탐험할 만한 매력적인 분야니까 말이야. 그거 아니? 어떤 사람들은 역사가 너무나도 멋지고 완벽한 '최고의 선생님'이라고 말해. 그리고 말이야, 네가 역사를 싫어하듯 수학을 싫어하는 친구도 있잖아. 모든 과목을 다 좋아할 순 없으니까 너무 걱정하지 마.

너무 재미있어서 또 하고 싶어!

뇌는 즐거운 일을 반복하고 싶어 한다.

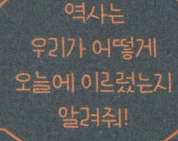

역사는 우리가 어떻게 오늘에 이르렀는지 알려줘!

수학이 없으면 지나간 시간을 어떻게 계산했겠어?

앨리스는 곧바로 스타시를 떠올렸어. 역사와 수학 중에 어느 쪽이 더 흥미로운지 스타시와 몇 번이나 말다툼을 했거든.

할머니는 이야기를 이어 갔어.

그거 아니? 뛰어난 수학자들은 수학으로 놀기도 했단다. 서로 문제를 내고 수수께끼를 만들고 누가 먼저 풀 수 있는지 내기까지 했지. 가끔은 아주 이상하고 웃긴 것도 수학으로 증명했어. 이를테면 각각의 조각 안에 정확히 같은 양의 햄과 치즈, 빵이 있도록 샌드위치를 자르는 법 같은 거 말이야. 이걸 **햄샌드위치 정리**라고 불러.

> 차 얼마나 따라 줄까?

> 0.25의 제곱근만큼 부탁해.

> 자, 앨리스. 이제 자러 갈 시간이야.

할머니가 웃으며 말했어.

> 자, 이 지역의 과학 탐사를 시작해 볼까!

앨리스는 다음 날도 신나게 놀았어. 그러면서 난생처음으로 학교에서 배우는 모든 과목에 대해 긍정적으로 생각하게 되었지. 심지어 방학이 끝나고 학교에 가면 **공부를 좀 더 즐겁게 해 봐야겠다**는 생각까지 했어.

> 슬로프 길이가 750미터이고 내려올 때 2분 걸렸으니까, 하강 속도는…

> 저 산꼭대기 보이나? 여서 젤 높은 봉우리다!

> 네? 뭐라고요?

지역 사전

저녁이 되자 앨리스는 할머니한테 말했어.
할머니, 이제 우리가 진지한 대화를 나눌 시간이에요!

할머니가 웃음을 터뜨려서
앨리스는 어리둥절했어.

앨리스, 저녁마다 나누는
진지한 대화에 벌써 익숙해졌구나.
겨우 두 번이었는데 말이야.

익숙해진다는 건 아주 중요한 심리 작용이야.
우리는 이런 대화처럼 즐거운 일에는 쉽게
익숙해져. 하지만 불쾌한 일이나 사건도
스스로를 단단하게 만드는 데 도움이 된단다.

무슨 일에든
익숙해질 수 있지.

갑자기 커다란 소리가 나는 걸 좋아하는 사람은 없어. 그런 소리를 들으면 우리는
무의식적으로 겁을 먹고 도망칠 준비를 하거든. 하지만 집 옆에 공사장이 있어서
창밖에서 큰 소리가 오랫동안 반복해서 들려오면 너의 감각, 즉 너의 뇌는
그 소음에 익숙해지고 위협이 아니라는 걸 알아차려. 그래서 그 불쾌한 자극에
더는 반응하지 않게 되지. 그건 정말 쓸모 있는 능력이야.

우리는 다른 사람과의 관계에서 생기는 불쾌한 일에도 익숙해질 수 있어. 예를 들면 모든 사람이 다른 사람의 웃음에 좋게 반응하지는 않잖아. 사람들은 대부분 친절하고 예의 바르지만, 불친절하고 무례한 사람도 더러 있으니까. 가족이 아닌 낯선 사람이 처음 너에게 못되게 굴었을 때 너는 기분이 나빴을 거야. 하지만 이제는 그런 일이 가끔 일어난다는 걸 알고 있지.

그러니까 네 부모님이 너를 온실 속 화초처럼 키우지 않은 건 잘한 일이야. 고통스럽거나 슬픈 일을 겪어 보지 않은 사람도 살면서 언젠가는 그런 일을 경험하게 돼. 아무런 준비가 안 된 채로 그런 일을 겪으면 훨씬 더 힘들고 괴로울 수 있지. 할머니가 말했어.

앨리스는 '고통스럽다'와 '슬프다'라는 말을 듣자마자 곧바로 레오폴드의 죽음을 떠올렸어.
아무 말도 하지 않았지만 할머니는 앨리스가 무슨 생각을 하는지 금방 알아차렸지.

얼마 전에 귀여워하던 쥐를 떠나보내서 많이 슬픈 거 나도 안다. 그건 자연스러운 감정이야.
지금까지 살면서 정말 좋아했던 누군가가 죽거나 사라진 적이 한 번도 없었으니까. 이보다 더 슬픈 일은
한 번도 겪은 적이 없겠지. 내가 지금부터 하는 말이 달갑게 들리지는 않겠지만 말이다,
앞으로 살면서 고통스러운 일은 계속 일어날 거야. 삶은 아름다운 것이고 좋은 순간들로 가득하지만,
가끔은 아주 슬픈 일도 일어나. 걱정거리, 질병, 가까운 사람의 죽음, 이 모든 것이 삶의 일부란다.

앨리스는 울음을 터뜨렸어.
그런 끔찍한 일을 겪게 될 줄은
꿈에도 몰랐어요.

할머니는 앨리스를 꼭 안아 줬어.
앨리스, 힘든 마음을 다스리는 법은 차차 배우게 될 거야. 아이들은 어른보다 예민하고 모든 일을 더 깊이 받아들이지.
그건 참 멋진 일이지만, 어른으로 살아가려면 그 여린 마음을 조금은 내려놓아야 해. 그러기 위해 익숙해지는
심리 작용이 필요한 거야. 살다 보면 고통스러운 일도 있겠지만 너무 걱정하지 마. 그리 자주 일어나진 않을 테니까.
게다가 점점 덜 아프게 느껴질 거란다. 왜냐하면 그때마다 너의 마음도 점점 더 단단해질 테니까.

하지만 앨리스는 지금 할머니 품에 안긴 자신이 너무 연약하게 느껴져서 속이 상했어. 할머니는 이번에도 앨리스의 마음을 바로 알아차렸어.
오늘은 여기까지! 자, 이제 즐거운 시간을 보내자. 재미있는 영화를 보거나, 볼링을 치러 가거나, 네가 좋아하는 디저트를 같이 만들어도 좋아.
앨리스, 네가 고르렴.

볼링장

기념품 가게

레스토랑

앨리스는 고민 끝에 볼링을 골랐어.
할머니가 늘 앨리스에게
선택권을 주는 것이 참 좋았어!

아쉽게도 여행의 마지막 날이 되었어. 앨리스는 기분 좋게 일어났어. 어제 할머니와 대화를 나누면서 여러 가지 감정을 느꼈지만, 마지막에는 기분이 좋아졌거든. '지금 이 기분은 아마 안도감일 거야.' 앨리스는 슬로프 위에서 생각했어. 할머니와 나눈 대화 덕분에 앨리스는 감정, 기분, 정서가 무엇이고, 어째서 그런 걸 느끼는지 정확히 알게 되었어. 앨리스는 그 감정들을 좀 더 섬세하게 구분하기 시작했는데, 굉장히 재미있는 경험이었지.

이야, 높다! 무섭긴 하지만 뿌듯하기도 하네!

이 산은 정말 멋져! 온몸이 짜릿해!

저 사람은 자기 감정을 잘 통제하나 봐!

스타시
난 정말 떨링이야! 미안해! 생일 파티에서 보자!

게다가 오늘 스타시한테 문자도 받았어. 앨리스만 생일 파티에 초대하지 않은 애 말이야. 앨리스를 빠뜨린 건 실수였고, 너무너무 미안하다지 뭐야. 앨리스가 오면 다들 기뻐할 거고, 누구보다도 자기가 가장 기쁠 거래. 자긴 앨리스를 친한 친구로 생각한다나.

할머니, 친한 친구하고 그냥 같은 반 아이는 뭐가 달라요? 앨리스가 물었어.

할머니가 빙긋 웃으며 말했어. 이론적으로야 간단히 답할 수 있지. 우정을 나눈다는 것은 믿음과 성실을 바탕으로 서로를 깊이 알고 관계를 이어 가는 거야. 친구는 공통점이 많고 언제든 서로 의지할 수 있어. 서로에게 솔직하고, 서로에 대해 많은 것을 알고 있기도 하지. 우정은 삶에서 정말 중요하고 또 소중해. 우리를 절대로 외롭지 않게 해 주거든.

그런데 제 질문에 대한 대답이 왜 이론적으로만 간단해요?

왜냐하면 친구와 동료, 지인을 정확하게 구분하기는 힘들거든. 친구라고 생각한 사람이 우리를 실망시키거나 속이거나 이용하거나 믿음을 저버릴 수도 있어. '어려울 때 친구가 진짜 친구다.'라고들 하잖니. 맞는 말이야. 살면서 가장 힘든 상황에 처하면 우리가 정말 의지할 수 있는 사람이 누군지 드러나거든. 하지만 누구도 그런 '우정 시험'을 겪지 않으면 해. 특히 앨리스 네가 그런 일을 겪지 않으면 좋겠구나. 할머니가 조심스레 말했어.

공동의 목표

협력과 신뢰

공통점

그런 시험 없이 누가 친구인지 어떻게 알 수 있어요? 앨리스가 물었어.

어떤 사람은 사랑처럼 우정도 그냥 느끼는 거라고 해. 또 어떤 사람은 시간이 확인해 준다고 말하지. 진정한 우정은 학창 시절뿐만 아니라 학교를 졸업하고 서로 떨어져서 여러 가지 경험을 한 뒤에도 남는다고 말이야. 내 생각에 스타시는 계속 네 친구로 남을 수도 있지만, 지금은 '친구'라는 말을 조금 아껴 두자. 할머니가 빙긋 웃으며 말했어.

편의점

쳇, 우리가 친구인 줄 알았는데.

그럼 지인은요? 지인도 친구하고 구분하기 힘들다고 말씀하셨잖아요. 앨리스가 물었어.

앨리스, 지인은 가끔 만나서 이야기를 나누는 사람이야. 예를 들면 내가 신문을 사는 편의점에서 일하는 아주머니도 지인이라고 할 수 있지. 가끔 그 아주머니하고 잡담을 나누거든. 아샤의 남동생도 네 지인이란다. 그 애하고 많은 시간을 같이 보낸 건 아니지만, 아샤네 집에 갈 때마다 마주치니까.

아빠는 저하고 애덤이 그렇게 못 하게 해요. 식사 시간에는 가족이 이야기도 나누고 함께 시간을 보내야 한대요. 앨리스가 설명했어.

할머니가 말했어. 네 아빠 말이 맞아. 함께 밥을 먹는 건 가족 관계가 돈독해질 좋은 기회야. 게다가 과학자들의 연구에 따르면 밥 먹으면서 영상을 보거나 글을 읽으면 소화가 잘 되지 않는다고 해. 음식을 제대로 씹지 않아서 속이 쓰리거나 더부룩해지기 쉽지. 텔레비전 앞에서 밥을 먹는 건 정말 나쁜 습관 중 하나란다.

앗, 내가 지금 뭘 삼킨 거지?

중독된 뇌는 한 가지에만 몰두하고 다른 것을 돌보지 않는다.

우리 몸과 마음에 아주 해롭고 벗어나기 힘든 습관을 중독이라고 해.

보통 뇌는 조화를 이루려 노력한다.

살려 줘! 여긴 브레이크가 없어!

해로운 행동을 계속 반복한다.

더 많이 원하고 멈출 수 없다.

어른들은 담배나 술, 몇몇 약물에 중독되기도 해. **특정 행동에 중독될 수도 있어.** 그런 중독을 '행위 중독'이라고 하지. 물건을 너무 많이 산다든가 게임을 오랫동안 한다든가 도박에 돈을 너무 많이 쓴다든가 하는 것 말이야.

그럼 **휴대폰**이 생긴 건 좋은 일이네요!
앨리스가 외쳤어.

좋기도 하고 나쁘기도 하지. 휴대폰 덕분에 다른 사람들하고 빠르게 연락을 주고받거나 인터넷에서 뭐든 바로 찾아볼 수 있는 건 좋은 일이야. 물론 믿을 만한 웹사이트에 올라온 정보를 골라 볼 때만 말이지. 인터넷에 올라온 정보를 전부 믿어서는 안 된단다.

조작

신고

아무리 훌륭한 도구라도 위협이 될 수 있단다. 망치를 예로 들어 볼까. 망치가 있으면 벽에 못을 박아서 그림을 걸 수 있지. 아니면 새집을 만들 수도 있어. 하지만 똑같은 망치를 떨어뜨려서 발을 다칠 수도 있어. 전화, 인터넷, SNS와 메신저도 똑같단다. 그 모든 것이 **우리를 도울 수도 있지만 해를 끼칠 수도 있다**는 사실을 기억해야 해.

기계와 대화한다는
느낌에 사용자들은
대담해진다.

친구를
찾을 수도
있지 않을까?

그 여드름을
다 담으려면
얼굴이 하나 더
있어야겠다!

혐오

소심한 사람은 더 쉽게 마음을 열 수 있다.

악플러는 더 쉽게 남에게 상처를 준다.

 어떤 식으로요?

인터넷에서 일어나는 일은 대부분 진짜 삶이 아니야. 그런데도 종종 우리는 그게 진짜라고 믿어 버리지. 그래서 다른 사람들이 우리가 올린 사진에 '좋아요'를 누르지 않거나 메시지에 답을 하지 않으면 속상해지는 거야.

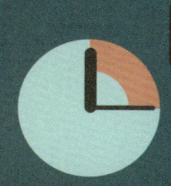 화면 앞에서 너무 많은 시간을 보낸다.

 한꺼번에 너무 많은 정보를 접하면 인지 능력과 집중력이 떨어진다.

 계속 기기만 쓰면 사람과 소통할 때 답답함을 느낀다.

 인터넷에서 본 것과 자신을 끝없이 비교하면 자존감이 떨어진다.

 두려움

 우울감

공격적인 행동

 요즘 사람들은 어떤 일에도 마음을 쏟지 않아! 이제 모든 게 손 안에 있으니까.

 인터넷 속의 가상 현실이 실제 감정을 상하게 한다.

할머니가 말을 이었어. 앨리스, 요즘 아샤하고 말이 잘 안 통한다고 그랬지. 특히 메신저로 이야기할 때 말이야. **온라인에서 나누는 대화**는 종종 오해를 불러일으킨단다. 직접 소통하는 게 아니기 때문이야. 지금 우리는 마주 앉아 서로 묻고 바로 대답하지. 대화가 매끄럽게 흐르고 있어. 하지만 아샤에게 메시지를 보낼 때는 아샤가 곧바로 대답할 수 있는지 없는지 알 수 없어. 어쩌면 메시지를 읽긴 했지만 다른 일로 바빠서 답하는 걸 잊을 수도 있지 않을까? 그런 식으로 대화하다 보면 서로 마음이 어긋나기 쉬워.

앨리스, 혹시 **언어적 의사소통과 비언어적 의사소통**에 대해 들어 봤니?
할머니가 물었어.

네, 학교에서 선생님이 설명해 주셨어요. 언어적 의사소통은 말이나 글이고, 비언어적 의사소통은 몸짓, 표정, 말투, 심지어 앉은 자세까지 포함한다고요.

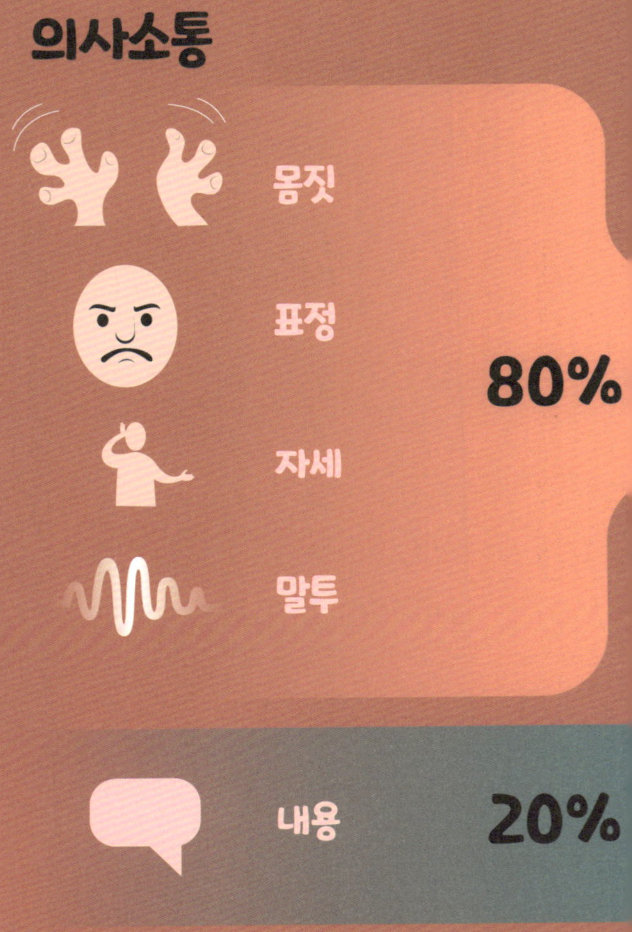

의사소통

몸짓

표정

자세   **80%**

말투

내용   **20%**

할머니가 말을 이었어. 맞아, 앨리스. 대부분의 학자들이 **의사소통의 많은 부분은 비언어적인 방식으로 이루어진다**고들 해. 어쩌면 거의 대부분일 수도 있어. 내가 웃으며 다정한 말투로 "앨리스, 이런 말썽꾸러기!"라고 하면 기분 나쁠까?

아니요. 농담으로 하신 말씀이니까요. 저한테 화나신 게 아니라는 것도 알고요.
앨리스가 대답했어.

발생할 수 있는 위험이나 이익에 관한 정보

바로 그거야. 하지만 같은 말을 하더라도 고함을 치고, 손가락질까지 한다면 기분이 나쁠 거야, 그렇지?

비언어적 의사소통

주로 감정을 바탕으로 한다.

무의식적으로 이루어지는 경우가 많다.

나를 반기지 않는 게 확실해….

그럼 다시 생각해 봐. **인터넷에서 서로 의사소통할 때는 표정, 말투, 몸짓 같은 비언어적인 도구가 하나도 없는 상태**란다. 물론 이모티콘이나 스티커 같은 걸로 어느 정도 대신할 수 있지만 똑같을 수는 없어.

너는 아샤가 못되게 군다고 생각하지만, 사실 아샤는 그런 뜻이 아니었을 수도 있어. 다른 사람의 의도를 섣불리 판단해서는 안 돼. 너는 스타시가 생일 파티에 초대하지 않아서 화가 나고 슬펐지만, 알고 보니 그냥 깜빡했던 거잖아.

으아아앙! 앨리스가 문장 끝에 이모티콘을 안 붙였어! 날 좋아하지 않는 거야!

스타시가 절 싫어하는 줄 알았는데 아니라니 정말 다행이지 뭐예요. 누군가 절 싫어한다는 건 끔찍한 일이에요.

방어 기제요? 그런 말은 처음 들어요. 다른 사람이 저를 공격하지 못하게 지킨다는 뜻이에요? 앨리스가 물었어.

할머니가 고개를 끄덕였어. 다른 사람들한테서 지키는 것도 있지만, 사실은 자기 자신한테서 지키는 게 더 크지. 방어 기제는 자존감을 지키려는 자연스러운 심리 작용이야. 실제로 도움이 되지.

가끔 우리는 약점을 인정하고 싶지 않아서 방어 기제를 지나치게 쓰지. 그건 좋지 않아. **자주 쓰는 방어 기제 중 하나가 합리화란다.** 자신의 실수를 인정하지 않고, 그럴 수밖에 없었다고 변명하는 거야. 예를 들어 네가 간식으로 견과류를 먹을 때 엄마는 이렇게 말할 거야. "앨리스, 견과류는 몸에 좋지만 너무 많이 먹으면 배가 아플 거야." 엄마 말을 안 들어서 정말로 배가 아플 때, 잘못을 인정하지 않고 "견과류가 너무 짰어."라고 말할 수 있지. 이런 게 합리화란다. 또는 친구와 보드게임을 하는데 네가 연달아 졌다고 생각해 보렴. 네 실력이나 운이 부족해서가 아니라 친구가 속임수를 썼다고 탓하거나 규칙이 너한테 불리했다고 말하는 게 합리화야.

앨리스는 할머니 말이 옳다는 걸 알았어. 앨리스도 경험한 적이 있거든. 앨리스의 가장 큰 단점은 화를 잘 낸다는 거야. 하지만 할머니 덕분에 **자신의 문제를 깨닫고 고치려고 노력 중이지.** 앨리스는 어릴 때, 과자를 사 주지 않으면 가게 안이라도 아랑곳하지 않고 울음을 터트렸어. 단것은 몸에 좋지 않으니까 안 사 주는 걸 알면서도 솟구치는 화를 어쩌지 못한 거지. 앨리스는 자신이 불쌍하다고 여기며 울고불고 떼를 썼지. 그럴 때마다 할머니는 언제나 마음대로 할 수는 없다고 차분히 설명했어. 화를 내거나 우는 방법으로는 문제를 해결할 수 없다고도 했지. 양쪽 모두 받아들일 수 있는 해결책, 그러니까 타협안을 찾는 게 훨씬 낫다면서 말이야. 할머니는 과자를 안 사 주는 대신 저녁에 그림책을 읽어 주겠다거나 건강에 좋은 쿠키를 같이 굽자고 했어.

착하지! 여기 앉아!

할머니, 제가 맨날 울고 떼쓰던 거 기억하세요? 떼쓰지 않는 법을 할머니가 가르쳐 주셨잖아요!
앨리스가 말했어.

이번 경기는 두 팀이 공동 우승입니다!

앨리스, 너는 확실히 예전과는 달라졌어. 나는 네가 단점을 고치려 노력하고 감정을 다루는 법을 배운 게 굉장히 자랑스럽단다. 이제 갈등과 다툼, 분노를 어떻게 다뤄야 할지 잘 알고 있는 것 같아. 하지만 여전히 기분이 상할 때가 있는 것 같구나.

네, 맞아요. 가끔 아샤한테 화가 나는데, 그건 아샤가 저를 존중하지 않기 때문이에요. 아주 심술궂을 때도 있어요! 늦게 오는 것만이 아니라요.
앨리스가 투덜거렸어.

만나서 반가워.

어때? 내가 그렇게까지 무섭진 않지?

아샤의 행동이 마음에 들지 않을 때는 널 화나게 하려는 게 아니라는 생각을 해 봐. 그 애는 너한테 나쁘게 굴려는 게 아니야. 다른 사람들처럼, 그리고 너처럼 단점이 있는 것뿐이야. 오히려 아샤가 자기 단점을 깨닫고 고쳐 나가도록 도울 방법을 고민하는 게 좋겠지. 그나저나 앨리스, 이제 짐 쌀 시간이야. 내일은 집에 가야지.

다음 날 아침, 집으로 출발하려 할 때였어. 앨리스는 할머니랑 함께한 여행이 끝났다는 생각에 조금 슬퍼졌어. 하지만 할머니랑 이야기 나누면서 깨달은 것들을 집에 돌아가 실천해 볼 생각에 설레기도 했지. 그리고 무엇보다도 부모님이 몹시 그리웠어. 이제 부모님이 애덤에게만 신경을 쓰는 게 더는 서운하지 않았어. 애덤은 아직 손이 많이 갈 나이고, 그렇다고 해서 부모님이 앨리스를 덜 사랑하는 건 아니라는 걸 알게 되었거든. 다른 사람을 이해할 때는 공감, 그러니까 그 사람이 어떤 마음일지 헤아려 볼 필요가 있어. 부모님도 결국 사람이라 감정도 있고 습관도 있고, 때로는 실수도 해. 그런 부모님을 용서할 줄도 알아야겠지.

할머니는 앨리스에게 말했어.
앨리스, **다른 사람을 이해하는 능력**은 정말 중요해. 평생 연습이 필요하지. 다른 사람의 말을 잘 듣고, 잘 관찰하고, 관심을 기울이면 **공감 능력**을 기를 수 있단다. 이렇게 나와 다른 사람의 마음을 알아 가는 건 우리에게 꼭 필요한 삶의 기술이야.

앨리스, 이번에 배운 것처럼 사람의 행동과 감정, 그리고 그것이 주변에 미치는 영향을 연구하는 학문이 바로 **심리학** 이란다. 네가 나중에 심리학을 공부한다면 사람들이 자기 자신과 다른 사람들을 더 잘 이해하도록 도울 수 있을 거야. 심리학자는 병원이나 상담실에서 일할 수도 있고, 학교나 경찰서 같은 공공 기관 또는 일반 회사에서 일하기도 하지.

> 그렇지만 기억하렴. 사람들을 관찰하고, 사람들과 좋은 관계를 맺기 위해 반드시 전문가가 될 필요는 없어. 사람의 행동과 성격, 감정, 그리고 인간관계는 우리 모두에게 매력적인 주제야. **어떤 의미에서 우리는 모두 심리학자란다.**

지식곰곰 17

감정 나라의 앨리스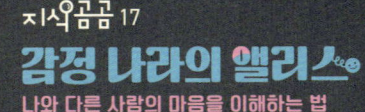
나와 다른 사람의 마음을 이해하는 법

초판 1쇄 인쇄 2025년 6월 4일 | **초판 1쇄 발행** 2025년 6월 25일
ISBN 979-11-5836-535-6, 978-89-93242-95-9(세트)

펴낸이 임선희 | **펴낸곳** ㈜책읽는곰 | **출판등록** 제2017-000301호 | **주소** 서울시 마포구 성지길 48 | **전화** 02-332-2672~3 | **팩스** 02-338-2672 | **홈페이지** www.bearbooks.co.kr | **전자우편** bear@bearbooks.co.kr | **SNS** Instagram@bearbooks_publishers

책임 편집 이다정 | **책임 디자인** 김세희
편집 우지영, 우진영, 최아라, 박혜진, 김다예, 윤주영, 도아라, 홍은채 | **디자인** 강효진, 김은지, 강연지, 윤금비 | **마케팅** 정승호, 배현석, 김선아, 이서윤, 백경희, 김현정 | **경영관리** 고성림, 이민종 | **저작권** 민유리 | **협력업체** 이피에스, 두성피앤엘, 월드페이퍼, 원방드라이보드, 해인문화사, 으뜸래핑, 문화유통북스

The original Polish edition was published as "Uczucia Alicji, czyli jak lepiej poznać siebie"
Copyright © 2020 Maria Mazurek, Ewa Woydyłło, Marcin Wierzchowski
All rights reserved.
Korean Translation copyright © 2025, Bear Books Inc.
This Korean edition is published by arrangement with Mando through Greenbook Agency, Seoul, South Korea. All rights reserved.

이 책의 한국어판 저작권과 판권은 그린북 에이전시를 통한 저작권자와의 독점 계약으로 책읽는곰에 있습니다. 저작권법에 의해 한국 내에서 보호를 받는 저작물이므로 무단 전재와 무단 복제, 전송, 배포 등을 금합니다.

KC KC마크는 이 제품이 공통안전기준에 적합하였음을 의미합니다.
제조국 : 대한민국 | 사용 연령 : 3세 이상
책 모서리에 부딪히거나 종이에 베이지 않도록 주의해 주세요.

인간의 뇌는
두 개의 세계로 이루어졌다.

하나는 이성적인 뇌,
즉 생각의 세계.

다른 하나는 감정적인 뇌,
즉 본능과 반응의 세계.